Cynthia L. Copeland

Das Leben macht mehr Spaß, wenn man einen Komplizen hat

Übersetzung aus dem amerikanischen Englisch von Edith Beleites

LÜBBE

Für meine lieben Katzenfreunde: Julie, Lindsey, Leslie und Gabe

Wie immer bin ich der besten Lektorin der Welt, Margot Herrara, für Rat und Klugheit dankbar. Seit fünfzehn Jahren vertraue ich ihrem Instinkt und Weitblick. Jedes Mal gelingt es ihr, meine Bücher besser zu machen. Dankbar bin ich auch meinem wunderbaren Agenten Dan Lazar von Writers House, der dieses Buch möglich gemacht hat. Und den fitten Mitarbeiter/innen von Workman danke ich für ihre Unterstützung bei Fotorecherche, Layout und Lektorat: Anne Kerman, Michael Di Mascio, Ken Yu, Jean-Marc Troadec, James Williamson, Evan Griffith und Kim Daly.

Weitere Titel der Autorin:
Philosophen auf vier Pfoten – Was wir von unseren besten Freunden für das Leben lernen können

Titel der amerikanischen Originalausgabe: „Really Important Stuff My Cat Has Taught Me"

Für die Originalausgabe: Copyright © 2017 by Cynthia L. Copeland
Published by arrangement with Workman Publishing Co, Inc., NY

Für die deutschsprachige Ausgabe:
Copyright © 2018 by Bastei Lübbe AG, Köln
Textredaktion: Doris Engelke
Umschlaggestaltung: Kirstin Osenau
Einbandmotiv: © Sabine Rath
Motive auf der Einbandrückseite: © druvo, © Benjamin Torode, © Aifos
Satz: Helmut Schaffer, Hofheim a. Ts.
Gesetzt aus der Super Grotesk, der Archer und der Gentium Basic
Druck und Einband: Livonia Print, Riga

Printed in Latvia
ISBN 978-3-431-04105-7

5 4 3

Sie finden uns im Internet unter: www.luebbe.de · Bitte beachten Sie auch: www.lesejury.de

Inhalt

Lachen, schmusen, wohlfühlen

Vor zwölf Jahren stieß meine Tochter Alex auf ein Zeitungsinserat: Eine Familie in einer nahen Kleinstadt hatte Kätzchen abzugeben. Als wir uns durch einen Schneesturm zu der angegebenen Adresse durchgekämpft hatten, war nur noch eines übrig. Es hatte leuchtend blaue Augen und ein creme-graues Fell, seine Ohren, Pfoten und der Schwanz waren einen Ton dunkler. Das Kätzchen war weich wie ein Wattebausch. Wir nannten es Phoebe.

Phoebe wuchs zu einer beherzten Katze heran, die sich gegen unseren ungestümen Labrador, unseren nervigen Papagei und all die anderen Tiere behaupten konnte, die in unserem Haus ein und aus gingen, weil Alex' Schwester nachmittags in einer Zoohandlung jobbte. Mit einem blitzschnellen Rechtsausleger, der selbst Muhammad Ali neidisch gemacht hätte, wurde sie zur Chefin der ganzen Menagerie. Vom ersten Tag an konnten wir in Sachen Durchsetzungsvermögen viel von ihr lernen. Sie ist voller Selbstvertrauen, und die Opferrolle kommt für sie nicht infrage.

Phoebe behauptet ihren Stammplatz

Phoebe ist eine typische Katze (falls es so etwas gibt). Nachts randaliert sie oft ohne erkennbaren Grund im Haus herum, beim Frühstück schleicht sie unter den Küchentisch und knabbert an unseren Zehen. Sie scheint meine Arbeitszeiten zu kennen und schläft, kurz bevor ich anfangen will, auf meiner Computertastatur ein. Leere Kartons und Tüten erkundet sie mit Hingabe und verlangt auch dann einen Nachschlag, wenn ihr Napf noch halb voll ist.

Gern gibt sie sich rätselhaft. Katzengras findet sie langweilig, genau wie ihr Körbchen. Lieber schläft sie an einen Stein geschmiegt, auf den eine Katze gemalt ist. Mit den Dingern, die ich mir beim Nägel lackieren zwischen die Zehen stecke, kann sie stundenlang herumtollen, während sie das teure Katzenspielzeug mit Federn und Quietschton ignoriert.

Obwohl sie die meiste Zeit schläft oder sich vor uns versteckt, hat Phoebe einen spürbaren Einfluss auf unser Leben. Wo immer sie gerade liegt und döst – ob vor dem Holzofen (ihr Lieblingsplatz) oder in der von ihr geformten Delle auf der Sofalehne (ihr zweitliebster Platz) – , verbreitet sie Ruhe und Zufriedenheit. Ihre bloße Gegenwart ist eine Wohltat. Und jetzt, da die Kinder erwachsen und ausgezogen sind, füllt sie das Haus mit Leben – und gibt den Kindern einen Grund, uns zu besuchen.

Sie weiß, wie wichtig sie für uns ist. Sie weiß, dass sie gebraucht wird. Sie weiß, dass sie geliebt wird. Hoffentlich bleibt sie uns noch weitere zwölf Jahre erhalten.

Cindy Copeland

1

Sei die Ausnahme

Selbstsicher, furchtlos und ein klein wenig verrückt sind Katzen unbedingte Individualisten. Diese gewitzten Nonkonformisten tun, was sie wollen; die Meinung anderer ist ihnen vollkommen egal. Das Abseitige ist ihnen lieber als das Vorhersehbare; Grenzen sind dazu da, überschritten zu werden, und ihre Regeln machen sie sich selbst. Eine Katze scheitert lieber mit einem waghalsigen Projekt, als sich mit dem Erfolg eines konventionellen zufriedenzugeben.

Vielleicht ahnen Katzen, dass es Fortschritt nur geben kann, wenn man gewohnte Muster durchbricht und Neues wagt. Vielleicht wissen sie instinktiv, dass ein harmonischer Gesang aus vielen verschiedenen Tönen besteht. Vielleicht merken Katzen aber auch einfach, dass es mehr Spaß macht, etwas Neues zu probieren als Erwartungen zu erfüllen.

Sieh's mal *anders.*

Sei kein (Angst-)Hase.

Folge deiner *Natur*.

Sei lieber *eigen* als artig.

„Es gibt keine gewöhnlichen Katzen."

COLETTE

Wegen ihrer lebenslangen Liebe zu Katzen wurde die französische Schriftstellerin Colette auch „Catwoman" genannt. Ihr wohl bekanntester Roman, *Gigi*, ist auch als Theaterstück und Film erschienen. Ein anderer Roman, *La Chatte (Die Katze)*, wurde 1933 veröffentlicht. Am Ende ihres Lebens konnte die berühmte Schriftstellerin ihre Wohnung mit Blick über die Dächer von Paris nicht mehr verlassen, aber ihre Katzen waren ihr ein großer Trost. „Die Zeit, die man mit einer Katze verbringt", sagte sie, „ist nie verschwendet."

Du bist niemandem
eine Erklärung schuldig.

Was an dir anders ist, macht dich zu etwas Besonderem.

Warum immer alles
auf die übliche Weise tun?

Das Runde passt prima ins Eckige.

Folge deinem Herzen.

Als Tatjana Antropowa, Zoodirektorin im westsibirischen Tjumen, sah, dass ein Totenkopfäffchen namens Fjodor von seiner Mutter nicht angenommen wurde, nahm sie es mit nach Hause. Zu ihrer Überraschung „adoptierte" ihre sechzehnjährige Katze Rosinka das Äffchen und ließ es auf ihrem Rücken sitzen, wie Affenmütter das tun. Fjodor wich nur von Rosinkas Seite, wenn er Hunger hatte. Obwohl die Zoodirektorin das Äffchen "unartig" fand, weil es die betagte Katze zwickte und biss, hatte Rosinka unendliche Geduld mit ihm und bemutterte es, bis es groß genug war, um mit seinen Artgenossen im Zoo zu leben.

Rosinka und Fjodor, beste Freunde

EGAL, OB DIE
WELT SCHON
FÜR DICH BEREIT IST.

DU BIST EINFACH DA.

„Unersetzlich ist man nur,
wenn man anders ist."

Coco Chanel

„Bevor ich wie jemand anders singe, *lasse ich es lieber ganz sein.*"

BILLIE HOLIDAY

Wie unkonventionell bist du?

Viele Katzenbesitzer identifizieren sich stolz mit ihren vierbeinigen Gefährten und empfinden sich als genauso unkonventionell wie diese. Wer ungewöhnlich ist …

… umgibt sich mit Menschen, die andere Meinungen und Erfahrungen haben als er selbst.

… begreift Fehlschläge als Chancen und nicht als Niederlagen.

… stellt oft Fragen, die mit „Warum" oder „Was wäre, wenn" anfangen.

… lässt sich durch Gruppendruck nicht aus der Ruhe bringen.

… vermeidet großspurige Wörter wie „lieben" oder „hassen".

… informiert sich, statt an vorgefassten Meinungen zu kleben.

… begreift eine Regel als Richtschnur, nicht als Pflicht.

ENTSCHULDIGE DICH NICHT, *dass du ein* **WILDFANG** *bist.*

ES GIBT KEINE

„TYPISCHE" LAGE.

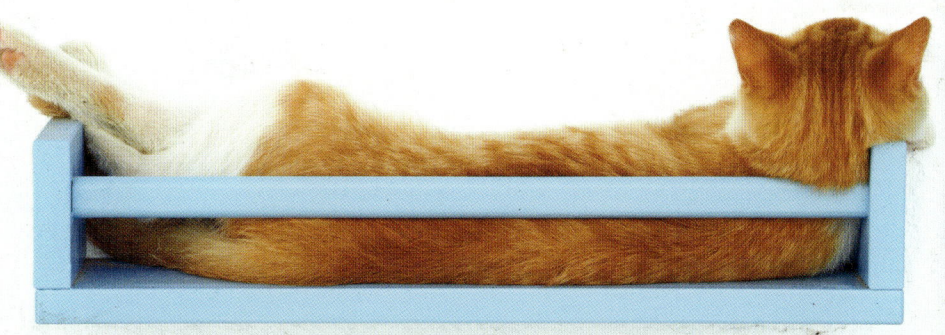

Du haarst. Na und?

Papier zerfetzt. Na und?

Geht doch!

„Nimm Kurs auf den Mond. Solltest du ihn verfehlen, landest du immerhin zwischen den Sternen."

Les Brown

Am 18. Oktober 1963 wurde Félicette, eine Katze, in der Raumkapsel einer französischen Rakete ins All geschossen. Sie war unter vierzehn Katzen ausgewählt worden, die alle ein intensives Training für diese Raummission absolviert hatten. Ihre ruhige Art und ihr kleiner, geschmeidiger Körper machten sie zur perfekten Astronautin – oder „Astrokatze", wie die Presse sie nannte. Während des fünfzehnminütigen Flugs sandten in ihr Gehirn implantierte Elektroden neurologische Impulse an die französischen Wissenschaftler und versorgten sie mit wertvollen Informationen. Nach einem 150 Kilometer langen Flug durchs All löste sich die Kapsel von der Rakete, und Félicette landete per Fallschirm sanft auf der Erde.

Félicette (ganz links) und ihre Mitschüler

2

SCHAU GENAU HIN

Katzen werden oft als ungesellig und arrogant empfunden, weil sie gern vom Spielfeldrand aus zuschauen. Sie lernen, indem sie ihre Umgebung beobachten, auf jedes Detail achten und jede noch so kleine Veränderung registrieren. Unabhängig und geheimnisvoll entziehen sie sich unseren Blicken, wenn sie allein sein wollen, um Stunden später genauso plötzlich wieder aufzutauchen, wenn sie hören, dass eine Dose geöffnet wird oder eine Zeitung raschelt.

Katzen lehren uns, wie wichtig es ist, Auszeiten zu nehmen, und dass allein sein nichts zu tun hat mit Einsamkeit. Sie zeigen uns, dass Auszeiten nicht nur in Ordnung sind, sondern geradezu unerlässlich, um seelisch aufzutanken. Und dass ein entspanntes, freundliches Schweigen genauso beglückend sein kann wie ein lebhaftes Gespräch.

IN DER RUHE
LIEGT DIE KRAFT.

Höre öfter mal zu.

Finde deinen Platz an der Sonne.

Mach dich rar.

Die anderen sollen sich ruhig fragen, wo du die letzten Stunden gesteckt hast.

Die Schnurrhaare einer Katze sind wie ein Radar. Sie verraten ihr, ob eine enge Stelle für sie passierbar ist.

„NUR WENN DU ALLEIN BIST, KOMMST DU AUF NEUE IDEEN."

Nikola Tesla

Wie kluge Köpfe die Ruhe fanden, die sie für neue Ideen brauchten

Wolfgang Amadeus Mozart fand Zeit für sich „... in der Kutsche, beim Spazierengehen nach einer guten Mahlzeit oder wenn ich nachts nicht schlafen kann."

Albert Einstein nahm sich Zeit für lange Strandspaziergänge. Und während eines anstrengenden Arbeitstags „... lege ich mich oft hin, starre zur Decke und versuche, mir bildlich vorzustellen, was mir durch den Kopf geht."

Franz Kafka schwor auf die eigenen vier Wände. „Man muss sein Zimmer nicht verlassen ... nur zur Ruhe kommen und still sein."

Geh deinen **eigenen** Weg.

SCHWEIGEN
ist keine
Gleichgültigkeit.

Gib acht und warte.
Die Welt wird sich dir
offenbaren.

Wahre eine Aura des *Geheimnisvollen.*

Macavity steigt aus

Zwei bis drei Mal pro Woche wartet ein weißer Kater mit einem blauen und einem grünen Auge an einer Bushaltestelle in England. Wenn der Bus nach Wolverhampton kommt, springt der Kater hinein und nimmt Platz. An der nächsten Haltestelle, vor einem Fish & Chips Shop, steigt er wieder aus. Er nimmt nur für den Hinweg den Bus, niemand weiß genau, wie er wieder heimkommt. Ein zweibeiniger Fahrgast lobt den Kater als den „perfekten Passagier", weil er „stillsitzt, keinen belästigt und sich nicht vordrängelt". Busfahrer und Passagiere haben ihn Macavity getauft, nach dem mysteriösen Kater in T.S. Eliots *Old Possums Katzenbuch* (der Vorlage für *Cats*), der überall und nirgends auftaucht.

„Bücher. Katzen.
Das Leben ist schön."

EDWARD GOREY

Lerne, zu zweit allein zu sein.

MANCHMAL
IST ES BESSER,
die Katze im Sack
zu lassen.

„Wenn Katzen sprechen könnten, würden sie es nicht tun."

Nan Porter

SICH VERSTECKEN kann mehr Spaß machen als SUCHEN.

Manchmal sind zwei schon einer zu viel.

Genieße die Stille,
wenn alle anderen schlafen.

3

Trau dich was

Auch in der verwöhntesten Hauskatze steckt ein furchtloses Wildtier. Obwohl Katzen feste Gewohnheiten und die Bequemlichkeit lieben, genießen sie Freiheit und Abenteuer. Sie sind wahre Entdecker, die sich Tag für Tag auf die Suche machen, ohne ein bestimmtes Ziel, einfach aus Neugier.

Stets auf der Pirsch, stets sprungbereit gehen sie beträchtliche Risiken ein, um ihr Territorium oder einen Freund zu verteidigen – oder einfach, um etwas Aufregendes zu erleben. Ihr oft unerklärliches Verhalten macht sie zu faszinierenden Geschöpfen. Wir werden nie genau wissen, wie viele Abenteuer sie bestehen und wie sehr sie jedes ihrer neun Leben auskosten.

Hab **KEINE ANGST,**
aber einen Plan B.

Zögere nicht,

DEINE KRALLEN
ZU ZEIGEN.

„Wir bezwingen keinen Berg, nur *uns selbst*."

Edmund Hillary

Als der passionierte Bergsteiger Craig Armstrong ein ausgesetztes Kätzchen, Millie, aus einem Tierheim in Utah holte, hätte er nicht damit gerechnet, dass sie zu einer ebenso begeisterten wie furchtlosen Kletterpartnerin werden könnte. Aber er wollte sie nicht allein zu Haus lassen und gewöhnte sie daran, ihn zu begleiten. Schon bald merkte er, dass sie daran Spaß hatte. Ohne Höhenangst und mit erstaunlichem Gleichgewichtssinn geht Millie auf den gemeinsamen Klettertouren sogar oft voraus. Zur Sicherheit ist sie angeleint, wenn beide Utahs Gipfel erklimmen oder gar den Abstieg in den Alcatraz Canyon wagen, was erst wenige Menschen getan haben. Craig sagt, er genießt die Ausflüge mit Millie nicht nur, weil sie sich nachts im Schlafsack an ihn kuschelt, sondern weil er mit ihr entspannter unterwegs ist und die Welt mit neuen Augen sieht – nämlich Millies.

Millie erforscht eine Felsspalte ▶

Die Welt
ist so groß
wie dein
Mut.

„Vielleicht komme ich nirgendwo an, aber was für ein Spaß, unterwegs zu sein."

SHAUN HICK

Die besten Abenteuer
sind oft
die ungeplanten.

In einer Flugschule in Kourou, Französisch Guyana, bemerkte der Pilot Romain Jantot die Katze auf dem Flügel seines Gleiters mit offenem Cockpit erst, als er und seine zweibeinigen Passagiere bereits in der Luft waren. Glücklicherweise kamen alle wohlbehalten zur Erde zurück. Die Katze war vollkommen unbeeindruckt und streift noch oft in der Flugschule umher. „Sie ist unser Maskottchen geworden", so Jantot.

Der Pilot entdeckt seinen blinden Passagier

„Gib stets dein Bestes, auch wenn deine Chancen schlecht stehen." Arnold Palmer

Lade dich selber ein.

5 Tipps für das Reisen mit deiner Katze

Die meisten Katzen ziehen einen geregelten Tagesablauf und ihre gewohnte Umgebung einer Autofahrt vor, aber wenn du dein Tier einmal mitnehmen möchtest, denke an Folgendes:

1. Gewöhne deine Katze rechtzeitig an ihren Reisekorb, lege ihre Decke hinein und lasse sie ihn zu Hause erkunden. Kurz vor der Fahrt sprühst du den Korb mit einem Mittel ein, das beruhigend auf Katzen wirkt.

2. Damit der Katze beim Fahren nicht übel wird, mache anfangs kurze Ausflüge mit ihr, die du nach und nach ausdehnst. Auf keinen Fall darfst du die Katze kurz vor Reisebeginn füttern.

3. Nimm alles mit, was du brauchst (Leine, Katzenklo, Flaschen mit dem gewohnten Wasser von zu Hause), und plane häufige Pausen ein, in denen deine Katze trinken und aufs Katzenklo gehen kann.

4. Nimm Rücksicht auf sie. Sorge für eine gleichmäßige, angenehme Temperatur, stelle das Radio nicht zu laut und lasse deine Katze niemals für mehr als ein paar Minuten allein.

5. Binde deiner Katze ein Schild mit Name und Adresse ans Halsband.

„Der kluge Reisende hat keine festen Pläne und keine Eile."

Laotse

HANDELE,
als hättest du
noch acht Leben.

Sei stets **sprungbereit.**

Jack schickt einen Bären auf einen Baum

FOLGE DEM LÖWEN IN DIR.

Als ein Schwarzbär in New Jersey im Garten des (klauenlosen) Katers Jack auftauchte, war dieser nicht begeistert. Fauchend rannte er auf den Bären zu und scheuchte ihn auf einen Baum im Nachbargarten. Nach einer Viertelstunde wollte der Bär das Weite suchen, aber Jack wurde noch wütender, und der Bär flüchtete auf einen weiteren Baum. Schließlich rief Jacks Frauchen, Donna Dickey, ihn ins Haus, um dem Bären die Flucht in den Wald zu ermöglichen. Sie kommentierte Jacks Verhalten mit den Worten: „Er mag nun mal keine Fremden in seinem Garten." Stimmt.

Manchmal
musst du springen,
BEVOR du siehst, wo
du landest.

„Du hast Feinde? Gut.
Das bedeutet, dass du dich
irgendwann irgendwo
für etwas stark gemacht hast."

WINSTON CHURCHILL

Der britische Premierminister Churchill war ein großer Freund von Katzen und hatte sein Leben lang welche, darunter Margate, Tango und Mickey. Seinen Lieblingskater nannte er nach dem berühmten Admiral Nelson, denn Churchill bewunderte den Mut des Katers und schwärmte: "Er ist der mutigste Kater, den ich kenne. Einmal hat er sogar einen großen Hund verjagt." Sein Kater Jock war nach Meinung des Personals ein ziemlicher Schlingel. Trotzdem durfte er an den Feierlichkeiten zu Churchills 88. Geburtstag teilnehmen und nachts meist in Herrchens Bett schlafen. Churchill wartete mit dem Essen, bis Jock da war, und als er starb, war der Kater an seiner Seite.

Sei stets bereit für das nächste
große Abenteuer.

4

Lass dich überraschen

Katzen sind hochintelligent, aber es ist ihnen egal, ob das jemand merkt. Wenn sie etwas Neues lernen, dann nicht, um jemanden zu beeindrucken. Katzen sind nämlich Einzelgänger und müssen sich nicht dem Rudel gegenüber beweisen.

Auf Befehl sinnlose Kunststücke vorzuführen interessiert sie nicht. Einfühlsamkeit, Einfallsreichtum und Anpassungsfähigkeit dagegen sind nützliche Eigenschaften jeder Katze. Ihre Neugier ist legendär, ihre Schläue und Ausdauer haben ihnen Hauptrollen in millionenfach angeklickten Videos verschafft.

Die einzigartige Intelligenz einer Katze ist schwer zu messen. (Ist es wirklich überraschend, dass Katzen nicht die kooperativsten Forschungsobjekte sind?) Aber immerhin haben sie uns beigebracht, sie zu füttern, wann sie es wollen, ihnen ein behagliches Heim zu geben, sie zu bespaßen und zu lieben – ohne Garantie, dass sie dankbar schnurren. Wenn das nicht schlau ist!

Nicht deine Intelligenz ist wichtig, sondern das, *was* du damit anstellst.

Deine Katze ist klüger als dein iPad, viel klüger sogar.
Ein iPad kann 170 Millionen Operationen pro Sekunde
verarbeiten, das Gehirn deiner Katze dagegen 6,1 Billionen.
Und auch, was den Speicherplatz betrifft, ist deine Katze dem
weit voraus: 91.000 Gigabytes gegenüber 60 deines iPads.

Sei neugierig. Habe mehr Fragen als Antworten.

Suche dir einen Platz, an dem du gut nachdenken kannst.

MANCHMAL IST SCHWEIGEN DIE BESTE ANTWORT.

FREUNDE DICH MIT DER DUNKELHEIT AN.

Weil Katzen in der Dämmerung am aktivsten sind, sehen sie nachts viel besser als wir. Die Form ihrer Augen sowie die Anzahl ihrer Stabzellen (sechs bis acht Mal mehr als beim Menschen) sorgen dafür, dass sie auch bei schlechter Beleuchtung gut sehen und Bewegungen im Dunkeln wahrnehmen können.

Zeig, was du draufhast.

Holly wanderte 300 Kilometer nach Hause

Niemand weiß, wie sie es geschafft hat, aber zwei Monate nachdem sie während eines Camping-urlaubs in Daytona Beach, Florida, ausgebüxt war, kehrte die vierjährige Holly zu ihren Besitzern im 300 Kilometer entfernten West Palm Beach zurück. An Silvester taumelte die überanstrengte und abgemagerte Holly in den Garten eines Hauses, das fast zwei Kilometer von dem entfernt lag, in dem sie mit ihren Besitzern, Jacob und Bonnie Richter, früher gewohnt hatte. So erstaunlich Hollys Geschichte auch ist – es ist nicht die einzige dieser Art. Noch verblüffender ist die von Howie, einem Perserkater, der bei seinen australischen Besitzern nur in der Wohnung gelebt hatte und 1978 über eintausend Kilometer nach Hause lief, als er während eines Urlaubs seiner Besitzer bei Verwandten untergebracht war.

Du bist nicht *wählerisch*, aber du weißt, was du willst.

Tarnung ist alles ...

... aber wenn du dich zeigst,
dann ganz.

„Mach's wie
die Natur:
GEDULD ist
ihr Geheimnis."

RALPH WALDO EMERSON

„Durch Zuhören habe ich viel gelernt."

ERNEST HEMINGWAY

Der amerikanische Schriftsteller bewunderte Katzen wegen ihrer „absoluten Ehrlichkeit". Während Menschen ihre Gefühle oft verbergen, „tut eine Katze das nicht", erklärte er. In seinem Haus in Key West, Florida, lebten über dreißig Katzen. Eine davon, Schneewittchen, hatte sechs Zehen und war ihm von einem Kapitän geschenkt worden. Noch heute leben Dutzende Nachkommen von Schneewittchen auf dem Grundstück und haben ebenfalls sechs Zehen!

Das Beste, was du jemandem schenken kannst,
ist deine ungeteilte Aufmerksamkeit.

Betrachte die Dinge mal aus einer anderen Perspektive.

„Keiner weiß,
dass ich da bin,
aber ich
weiß alles."

Anna Paszkiewicz

> „In allen Bibliotheken der Welt fühle ich mich zu Hause, unbefangen, sicher und selbstvergessen."
>
> Germaine Greer

Bibliothekskatzen amüsieren die Besucher, fördern die Lesefreude und machen Mut, ein Tier aus dem Heim zu holen. Außerdem halten sie natürlich die Mäuse in Schach. Der wahrscheinlich berühmteste Bibliothekskater war Dewey, der im Januar 1988 halb erfroren im Nachtschalter der Bücherei von Spencer, Iowa, gefunden wurde. Vicky Myron, die gerade erst die Bibliotheksleitung übernommen hatte, pflegte den Kater, und im Gegenzug bescherte er jedem in der armen ländlichen Gemeinde Freude. Er wurde so berühmt, dass Touristen ihn sehen wollten und Fanpost aus aller Welt eintraf. Als er starb, berichteten über 250 Zeitungen und Fernsehsender darüber. Kurz darauf setzte Vicky sich zur Ruhe und schrieb ein Buch über ihn, das es auf die Bestsellerliste der *New York Times* schaffte.

Neunzehn Jahre lang lebte Dewey in einer Bibliothek

**Nimm dir, was du willst,
aber manchmal wartest du besser ab,
ob es nicht zu Dir kommt.**

5

Mach die Welt bunter

Katzen amüsieren sich auf merkwürdige Arten – und damit uns gleich mit. Sie quetschen sich in ein viel zu kleines Körbchen, biegen sich wie eine Brezel, um dann tief und fest einzuschlafen, oder sie rasen durchs Haus und jagen imaginäre Beute. Ihre Eskapaden sind genauso typisch für sie wie der unendlich gelangweilte Blick, mit dem sie von jemandes Kopf herunterblinzeln oder aus einem Stiefel herausschauen.

Albern und verspielt bringen sie uns bei, uns selbst nicht allzu ernst zu nehmen. Sie ermutigen uns, einfach mal Unsinn zu machen, egal wie alt wir sind, denn erwachsene Katzen sind genauso verspielt und albern wie junge. Und vor allem zeigen sie uns, dass Spaß an der Freude der beste Grund ist, etwas zu tun.

Tu so, als könntest du etwas sehen,
das sonst keiner sieht.

EINFACH SO.

Finde deinen idealen Spielkameraden.

So hast du die Lacher auf deiner Seite.

„Eine Katze führt zur anderen."

ERNEST HEMINGWAY

Auf Aoshima, einer der etwa ein Dutzend „Katzen-inseln" Japans, leben mehr Katzen als Menschen. In der japanischen Kultur gelten Katzen als Glücks-bringer. Wer ihnen über den Weg läuft, darf auf Geld und Erfolg hoffen. Auf Aoshima werden sie von Einwohnern und Touristen reichlich gefüttert.

GIB EIN WENIG AN
VOR DEINEN FREUNDEN.

Das soll peinlich sein?
Mir doch nicht!

„Sei das Besondere,
das du in der Welt suchst."

Wein Benlick

Was hat die Katze nun schon wieder reingeschleppt?

Norris inspiziert seine Beute

Norris streift nachts durch das englische Bristol, mopst Sachen von Wäscheleinen und schleicht sogar in fremde Häuser. Anfangs interessierten ihn Handtücher und Wischlappen, in letzter Zeit dagegen fühlt er sich von BHs und Strumpfhosen angezogen. Daheim angekommen zerrt er seine Beute durch die Katzenklappe und beginnt zu miauen, bis seine Besitzer, Richard und Sophie Windsor, aufwachen und alles bewundern. Ihren Nachbarn haben sie die peinliche Macke ihres Katers schriftlich erklärt und bringen die Sachen immer zurück. „Zum Glück", sagt Richard, „haben wir gutmütige Nachbarn."

Lerne, ebenso amüsiert wie gelassen zu schauen.

„Katzen braucht man nicht zu zeigen, wie sie Spaß haben können …"

JAMES MASON

Katzen sind die perfekten Alleinunterhalter, aber es macht Spaß, ihnen auf die Sprünge zu helfen:

- Lass Einkaufskörbe und leere Kartons herumstehen, damit deine Katze sie erforschen kann.

- Hänge Vogelfutter vorm Fenster auf, damit deine Katze von drinnen zuschauen kann.

- Stelle ein Aquarium (mit echten oder Plastikfischen) auf, deine Katze wird die Show genießen.

- Säe deiner Katze zuliebe Katzengras oder Getreidesamen in eine Schale auf der Fensterbank.

- Verstecke ein Leckerli in einer Klopapierrolle und knicke deren Enden so zu, dass deine Katze zu tun hat.

- Lege eine große Decke auf den Couchtisch, und die Katzenhöhle ist perfekt.

Zwischen *bezaubernd* und ÄRGERLICH ist nur ein schmaler Grat.

In *Frühstück bei Tiffany* nennt Holly Golightly, gespielt von Audrey Heburn, ihre Katze einfach nur „Kater". Tatsächlich hieß er Orangey, und er spielte auch in anderen Filmen mit. Zweimal gewann er sogar den Patsy Award (das tierische Äquivalent eines Oscars).

„Albern auszusehen
und sich nicht darum
zu scheren, ist ein
Zeichen von Stärke."

Amy Poehler

„IN DER POLITIK IST DUMMHEIT KEIN HANDICAP."

Napoleon Bonaparte

Stummel, Bürgermeisterin von Talkeetna

Von 1997 bis 2017 war eine Katze namens Stummel Ehrenbürgermeisterin im 876-Seelen-Ort Talkeetna, Alaska; ihr Büro hatte sie in Nagleys Gemischtwarenladen. Sie war die größte Attraktion des Städtchens, empfing dreißig bis vierzig Gäste pro Tag und bekam Fanpost aus aller Welt. Die Geschäftsführerin des Ladens, Lauri Stec, fand Stummel in einem Karton auf einem Parkplatz und gab ihr diesen Namen, weil sie keinen Schwanz hatte. Seit sie berühmt geworden war, hatte sie sich aus einem fahrenden Lkw fallen lassen, ist in der Fritteuse eines Restaurants gelandet und von einem Hund schwer verletzt worden. Aber jedes Mal erholte sie sich wieder und kehrte in den Laden zurück, um ihren Amtspflichten nachzugehen.

DENK DRAN: Wenn du schnurrst, vergibt man dir *fast alles*.

Los, versuch es!

Du weißt, dass du auf die Füße fällst.

Schlafende Hunde soll man wecken.

Lasse den Menschen ihren Willen.

Mach einen Satz,
als gäbe es kein Morgen!

Katzen gehen auf die Jagd nach ...

• einer zuckenden Hand unter einer Decke • einem Tischtennisball • zusammengeknülltem Papier oder Alufolie • Ringen aus Toilettenpapierrollen • Seifenblasen • abgeschnittenen Tragegriffen einer Einkaufstüte, die man zu einer „Spinne" geknotet hat • einem Bindfaden, den sich jemand um den Knöchel gebunden hat

„Niemand ist **sturer** als eine Katze."

Robert A. Heinlein

SCHAU EINFACH IN MEINE

GEBRAUCHSANWEISUNG.

„Das Leben ist kurz. Brich die Regeln ... und bereue nichts, was dich zum Lächeln gebracht hat."

MARK TWAIN

Der berühmte amerikanische Schriftsteller und Humorist Mark Twain hatte auf seiner Farm in Connecticut elf Katzen und bekannte: „Ich kann keiner Katze widerstehen, schon gar nicht, wenn sie schnurrt." Einmal überlegte er: „Könnte man Menschen mit Katzen kreuzen, würden die Menschen besser, die Katzen dagegen nicht."

6

Schmuse dich durchs Leben

Katzen lieben uns Menschen auf eine unaufgeregte Art und zeigen es, indem sie uns um die Beine streichen, Blickkontakt halten oder mit Samtpfötchen auf unserem Bauch herumtrampeln. Katzenliebhaber wissen diese Gesten umso mehr zu schätzen, als Katzen von Natur aus nicht gesellig sind. Eine Beziehung zu ihrer menschlichen Familie läuft ihrem Instinkt als Einzelgänger zuwider.

   Die bloße Anwesenheit einer Katze wirkt wohltuend auf uns Zweibeiner. Man setzt sie sogar zu Therapiezwecken ein, aber selbst ganz gewöhnliche Hauskatzen, die meist schlafen, sorgen für ein behagliches Gefühl.

„Zu oft unterschätzen wir ...
ein Lächeln, ein freundliches Wort,
ein offenes Ohr,
ein ehrliches Kompliment oder
kleine Gesten der Zuneigung.
All diese Dinge können das Leben
zum Besseren wenden."

Leo Buscaglia

ERKENNE DIE KRAFT
DEINES SCHNURRENS.

An jedem Tisch ist

Platz für noch einen.

„Eine Katze will nicht von der ganzen Welt geliebt werden.

Nur von denen, die sie *selber liebt*.

Helen Thomson

Stehe über den Dingen

Familie zuerst

1996 bemutterte Scarlett ihre fünf Kätzchen in einer verfallenen Werkstatt in Brooklyn, New York, als das Gebäude plötzlich zu brennen begann. Als die Feuerwehr kam, sahen die Männer, wie eine mehrfarbige Katze immer wieder in die brennende Werkstatt lief und nacheinander ihre Jungen herausholte. Obwohl der Brand sie blind machte und schwer verletzte, gab sie nicht auf, bis sie alle fünf Kätzchen aus den Flammen geholt hatte. Mit ihren vier überlebenden Jungen wurde sie in ein Tierheim gebracht, und ihre Geschichte ging durch die Presse. Die Jungen wurden paarweise adoptiert, während Scarlett zu Karen Weller nach Brooklyn kam. „Seither dreht sich alles um Scarlett", sagte sie. Die einst heimatlose Katze ist für Karen die Nummer eins.

Scarlett mit Adoptivmutter

Sei friedlich.

Katzen schlafen etwa sechzehn Stunden
pro Tag. Oft ist es nur ein Nickerchen,
aber im Tiefschlaf ähneln ihre Hirnströme
denen von träumenden Menschen.

„Tu Gutes im Kleinen,
wo immer du bist;
zusammengenommen
verbessert all dieses
Kleine die Welt."

Desmond Tutu

Studien zeigen, dass Katzen
sich an Menschen erinnern, die
gut zu ihnen waren, und es ihnen
später mit Zuneigung danken.

Teile deinen Lieblingsort mit anderen.

Handle stets so, als käme es nur auf diesen Moment an.

Mascha rettete einem Baby das Leben

An einem bitterkalten Abend im Winter 2005 wurde ein Baby vor einem Wohnhaus im russischen Obninsk ausgesetzt. Eine streunende Katze (in der Nachbarschaft Mascha genannt) fand den weinenden Säugling und sprang in den Pappkarton zu ihm. Am nächsten Morgen hörte ein Anwohner Mascha miauen, wollte ihr helfen und war schockiert, als er das Baby entdeckte, das sie warm hielt. Es wurde ins Krankenhaus gebracht, und Mascha wanderte stundenlang in der Straße auf und ab, hoffte offenbar, das Kind würde zurückgebracht. Es überlebte und entwickelte sich prächtig, was es vor allem Mascha verdankt.

„Einer trage des anderen Last."

Galater 6:2

Was macht eine gute Therapie-Katze aus?

Weil Katzen die seelische und körperliche Gesundheit so positiv beeinflussen, werden sie häufig in der Therapie eingesetzt. Sie verbreiten Trost und Zuversicht in Krankenhäusern, Schulen, Pflegeheimen und sogar in Gefängnissen. Wenn deine Katze an einem dieser zahlreichen Programme teilnehmen soll, muss sie

- freundlich und sanft sein
- geimpft sein und darf keine scharfen Krallen haben
- mindestens ein Jahr alt sein und bei dir wohnen
- sich anleinen lassen
- ohne Rohproteine gefüttert werden (Menschen können sonst Infektionen bekommen)
- gelassen auf neue Umgebungen und Situationen reagieren

„Du veränderst die Welt
durch dein Vorbild,
nicht durch deine Meinung."

Paul Coelho

Entgegen aller Vorurteile können Katzen und Hunde fried-
lich zusammenleben. Am besten lässt man junge Katzen
und Welpen miteinander aufwachsen. Wenn man ältere
Tiere zusammenführt, sollten sie neugierig, aber nicht
ängstlich oder aggressiv sein. Ungezähmte Katzen und
Jagd- oder Hütehunde sind also nicht geeignet. Gewöhne
die Tiere schrittweise und unter Aufsicht aneinander.

Sei ein Schatz.

Haustiere waren im Pflege- und Rehazentrum Steere House in Rhode Island schon immer willkommen, denn die Mitarbeiter wissen um ihren therapeutischen Effekt. Ein vierbeiniger Bewohner des Zentrums tut sich ganz besonders hervor. Kater Oscar spürt, wenn es mit einem Patienten zu Ende geht, und tröstet ihn auf seine ganz eigene Art. Seine besondere Gabe wurde 2007 in einem Artikel des New England Journal of Medicine beschrieben. Pfleger und Ärzte haben etwa einhundert Fälle dokumentiert, bei denen Oscar den nahenden Tod gespürt hatte. Der Autor des Artikels, Dr. David Dosa, vermutete, Oscar reagiere auf „ein Pheromon oder einen speziellen Geruch", den Sterbende verströmen.

Oscar hat einen sechsten Sinn

Egal wie, Oscars Gespür ist so unfehlbar, dass Ärzte und Pfleger die Angehörigen benachrichtigen, wenn er am Bett eines Patienten erscheint. So können sie sich rechtzeitig von dem Familienmitglied verabschieden. Älteren Patienten ohne Familie, die sonst allein sterben würden, weicht Oscar in ihren letzten Stunden nicht von der Seite.

Niemand ist zu klein, um einen großen Unterschied zu machen.

7

Dein großer Auftritt

Katzen besitzen eine bewundernswerte Selbstachtung. Gesundes Selbstbewusstsein heißt nicht, dass man sich anderen überlegen, sondern in seiner eigenen Haut wohlfühlt. Katzen vergleichen sich nicht mit anderen, und genauso wenig denken sie darüber nach, was andere – Katzen oder Menschen – von ihnen halten.

Sie finden, dass sie unsere Aufmerksamkeit und Zuneigung verdienen, und machen uns klar, was sie wollen. Auch wenn sie unsere Zuneigung erwidern, tun sie das sparsam, damit wir uns nach mehr sehnen.

Lass dich
bewundern.

„Denke wie eine Königin."

Oprah Winfrey

Halte den Verkehr auf.

Selbstvertrauen macht

sexy.

Sei gut
zu dir.

3 gute Gründe, zuerst an sich selbst zu denken

Gesunder Egoismus ist nicht rücksichtslos. Er stellt vielmehr eigene Bedürfnisse (seelisch und körperlich) an die erste Stelle. Gib auf dich Acht, ohne Nabelschau zu halten. Zuerst an dich selbst zu denken ist wichtig, weil:

1. aus einem leeren Brunnen nichts fließt. Nimm dir Zeit für dich, egal ob du Sport treibst, mal richtig ausschläfst, gesund und lecker isst oder Urlaub machst. So lädst du Ressourcen auf, die du brauchst, um anderen zu helfen.

2. es deine Beziehungen ins Gleichgewicht bringt. Wer einen gesunden Egoismus an den Tag legt, erwartet nicht, dass andere seine Wünsche erraten, sondern kümmert sich selbst um deren Erfüllung. Mit einem Märtyrer zusammen zu sein ist anstrengend. Eine Partnerschaft auf Augenhöhe ist viel befriedigender.

3. du damit andere froh machst. Wenn du dich zurückhältst und deine Mitmenschen ihre Probleme selbst lösen und auch mal Fehler machen lässt (aus denen sie lernen), hilfst du ihnen, sich zu entwickeln.

Ein Straßenkater ist so
stolz wie eine Perserkatze.

Schau ihnen
in die Augen,
Kleines.

Mach allen klar, was du fühlst.

TU SO, ALS WÄRE ES ABSICHT GEWESEN.

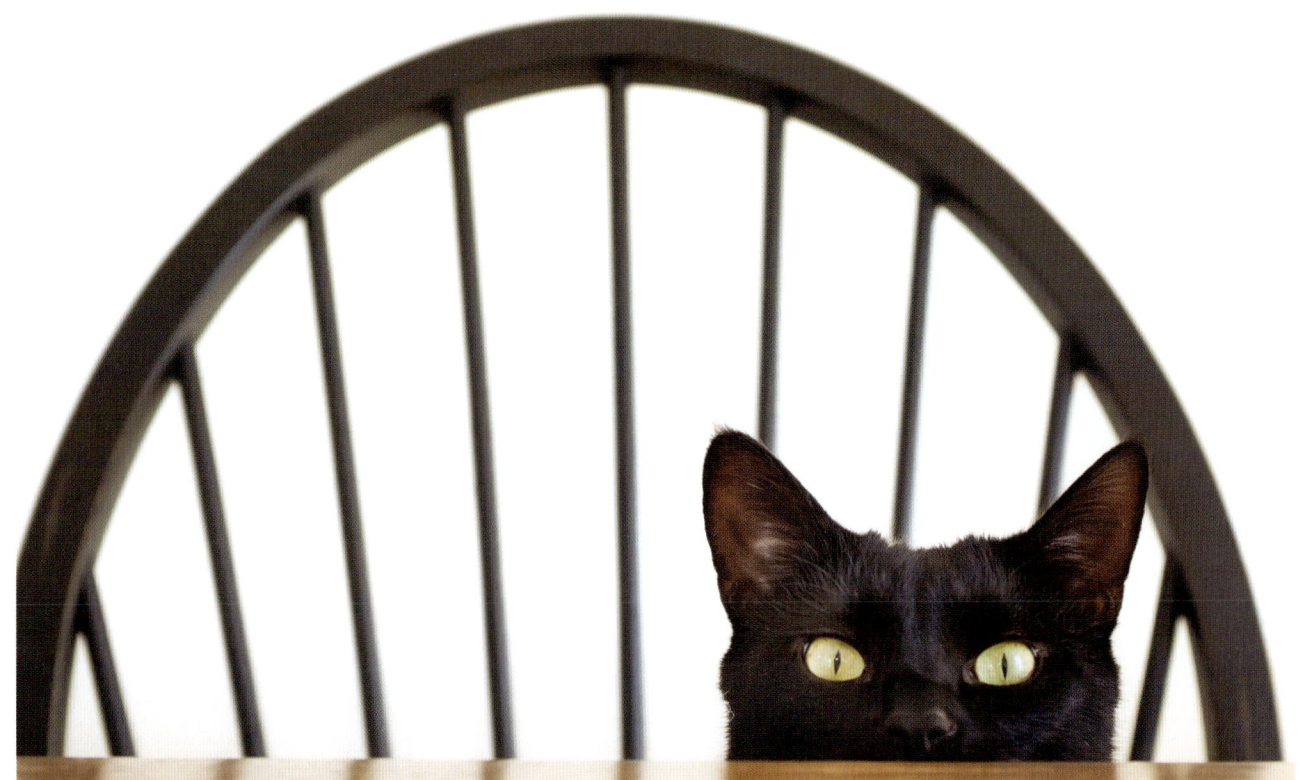

Bestehe auf einen Stammplatz am Tisch.

Mahlzeiten, die du mit deiner Katze teilen kannst

Wir alle geben unseren Katzen gern von unserem Essen ab, aber manche Lebensmittel bekommen ihnen besser als andere. Hier einige, die du ihnen bedenkenlos geben kannst (in kleinen Mengen und ungewürzt):

• Rührei oder hartgekochte Eier • Hühner- und Putenfleisch, Fisch, mageres Hackfleisch (alles gegart) • gekochte grüne Bohnen • Bananen • Melone • Äpfel ohne Schale • gekochter Kürbis

Schwarze Katzen gelten in den USA als Unglücksboten, in Großbritannien und Australien dagegen als Glücksbringer.

„Traue keinem, der dich behandelt, als seist du nichts Besonderes."

Oscar Wilde

Lass dir von **niemandem** die Tür vor der Nase zuschlagen.

Mach ihnen Lust
auf mehr!

Bildnachweis